Cap sur
le système solaire

Une histoire de **Jacques Lindecker**

Un dossier documentaire
et des activités de **Guillaume Cannat**

NATHAN

sommaire

L'histoire

....

Soleil noir.......................... 4

Méga-infos

La Terre, notre planète..........18

La Lune,
satellite naturel de la Terre 20

Le système Terre-Lune 22

Le Soleil............................ 24

Mercure,
un monde carbonisé........... 28

Vénus,
les portes de l'Enfer............30

Mars,
un monde à découvrir........ 32

La Ceinture d'astéroïdes..... 34

Activité

Le système solaire
à l'échelle des distances.... 26

Anecdotes

Incroyable mais vrai ! 36

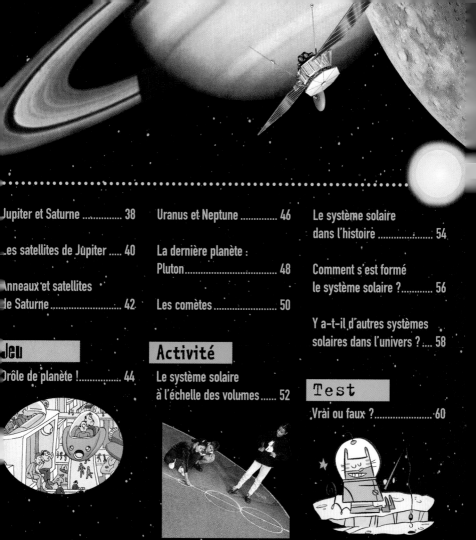

Jupiter et Saturne 38

Les satellites de Jupiter 40

Anneaux et satellites
de Saturne 42

Uranus et Neptune 46

La dernière planète :
Pluton.................................... 48

Les comètes 50

Le système solaire
dans l'histoire 54

Comment s'est formé
le système solaire ?............. 56

Y a-t-il d'autres systèmes
solaires dans l'univers ? 58

Jeu

Drôle de planète ! 44

Activité

Le système solaire
à l'échelle des volumes 52

Test

Vrai ou faux ? 60

Index 62
Solutions 63

Soleil noir

On a kidnappé le soleil !

Le 5 juillet fut une belle journée d'été. La paix régnait sur Terre, les vacances étaient belles, l'eau était chaude, le soleil resplendissait.

Le 6 juillet fut encore une belle journée. Un peu plus courte peut-être. Oh, à peine.

Le 7 juillet, l'information fit l'effet d'une bombe.

Des scientifiques annonçaient que le soleil s'éloignait de la Terre. Oui : s'éloignait !

Les gens s'amusaient... Ah, ces savants fous ! Jamais en retard d'une idée bizarre... Il n'y avait qu'à regarder en l'air, le soleil était toujours là !

Le 20 juillet, plus personne ne rigolait. Le soleil n'était plus qu'un minuscule point lumineux dans le ciel. Les vacances étaient gâchées, les plages désertées. Quel que soit l'endroit où l'on habitait sur Terre, on grelottait de froid.

Et de peur aussi.

Moi comme tous les autres. Moi peut-être encore davantage que les autres. Je suis journaliste. Journaliste scientifique sur une chaîne de télé. Spécialiste des planètes et des galaxies. Y a pas mieux que moi pour parler de nuages cosmiques, de météorites, de comètes, de trous noirs.

s'en va, il se dirige vers la zone la plus obscure du système solaire. Il s'installe sur l'orbite de la plus lointaine, la plus secrète des planètes : Pluton.

Pourquoi ? Mystère. Nos satellites espions ne signalent rien d'alarmant. Personne n'est capable d'expliquer un tel abandon de poste.

Les scientifiques ne savent pas et se taisent, les gouvernements ne savent pas et disent qu'ils sauront bientôt, les journalistes – moi comme mes confrères – disent qu'on ne sait pas pour l'instant (et surtout, restez à l'écoute...). Quant aux gens, ils attendent, inquiets de ne pas savoir, paniqués à l'idée de mourir dans un avenir proche. Parce que *ça*, tout le monde le sait : sans soleil, plus de lumière, plus d'oxygène, plus de vie. Plus rien que la mort. Fini les Terriens.

Le 21 juillet, rien de nouveau. Le froid, le moral à zéro, la trouille. Pour me rassurer, pour rassurer le public, je tends mon micro et ma caméra au professeur Schmalz. Il a l'air d'un clown avec ses cheveux à rayures roses et jaunes, mais c'est le Docteur-je-sais-tout pour les petites (et les grandes) affaires de l'univers. Du sérieux, du solide.

– Alors, professeur, lui lancé-je en faisant mine de plaisanter, vous ne pourriez pas demander gentiment au soleil de revenir ? Vous allez faire quoi pour nous le ramener ?

– Rien, on ne fait rien, me répond-il. L'homme ne sait pas manœuvrer le soleil. L'homme est très intelligent, il a construit des milliers de magnifiques machines, des robots, des clones humains, des stations orbitales. Il fanfaronne dans la galaxie, certain de sa force, de sa supériorité,

de sa capacité à survivre à tous
les cataclysmes. Mais manœuvrer
le soleil, ça, l'homme ne sait pas faire.

Il a dit ça d'une voix très douce, très
fatiguée, ses yeux mi-clos dans le viseur
de la caméra. Pas besoin d'un décodeur
de visage triste pour comprendre ça :
le professeur Schmalz a perdu tout espoir.
Et moi je comprends qu'il n'y a vraiment
plus d'espoir...

Oort appelle Terre

Soudain, dans le silence de la salle
de l'OSNU, le genre de silence spécial
enterrement, un message en provenance
de Spatio VIII, la colonie terrienne
implantée sur Pluton, apparaît sur les
écrans de contrôle. Un drôle de message,
rédigé ainsi : l#####@@@@@:}:}

Bonne nouvelle, me dis-je : malgré
la chaleur épouvantable qui aurait dû
la détruire, Spatio VIII répond encore.
Bizarre quand même. Que se passe-t-il
là-bas ? Comment font-ils pour résister
à la chaleur du soleil installé dans
leurs parages ? Quelques heures plus tard,
un nouvel envoi est expédié de Pluton :
OOooooRRTTÀÀTTEERRRREE. Ça commence
à ressembler à de la langue terrienne.
Et puis, peu après, un troisième message,
très court : OORT À TERRE.

– Oort ?? hurle le général Wayne,
le chef de la sécurité militaire de l'OSNU.
Jamais entendu parler. Schmalz…Schmalz !
Répondez, bon sang ! C'est quoi ce Oort ?

Schmalz, c'est un savant. Il prend
tout son temps. Il ré-flé-chit.

– En temps normal, finit-il par
répondre, c'est le nom d'un nuage situé
aux confins du système solaire, un nuage

d'où surgissent les comètes. Mais là,
je pencherais plutôt pour un envahisseur.
Un envahisseur qui aurait pris la place
des Terriens sur Pluton...

Un envahisseur ? Il ne manquait plus
que ça ! Très vite, des dizaines de questions
se bousculent dans ma petite tête.
Quelles sont les intentions de cet Oort ?
Cette chose est-elle animée de sentiments
pacifiques ou guerriers ? Quel danger
représente-t-elle pour la Terre ? Et
son aspect ? Est-elle... humaine, animale,
végétale, gazeuse ? Je pourrais proposer
un nouveau jeu à ma chaîne de télé :
dessinez l'Oort de vos rêves... l'Oort
de vos cauchemars plutôt !

– Je ne suis sûr que d'une seule chose,
reprend le professeur, l'apparition
de ces... créatures a un rapport étroit
avec la disparition du soleil.

– Bien vu, professeur.

En direct de Pluton, la phrase s'affiche
sur les écrans de contrôle de l'OSNU.
Oort écoute nos conversations ! Mieux :
Oort nous parle !! Glups ! À l'OSNU,
nous voilà tous figés, interloqués.
Après un bref répit, Oort ajoute :

– Et comme d'habitude, pauvres terriens,
vous ne comprenez pas.

Je vois le général Wayne bondir
de son fauteuil.

– Alors ça ! hurle-t-il. Voilà que ce
machin, ce Oort, se met à nous insulter !
Quel culot ! Laissez-moi agir, il est
temps de désintégrer cette vermine.
Un bon coup de laser et hop ! On va
en faire une bouchée de cet asticot !

La réponse d'Oort s'affiche dans
la seconde sur les écrans :

– Comment allez-vous faire pour nous
désintégrer ? Vous ne savez même pas
à quoi nous ressemblons.

Wayne est cramoisi, ridiculisé. Oort ne le laisse même pas reprendre son souffle :

– N'EST-CE PAS TERRIBLE POUR VOUS, CHER GÉNÉRAL WAYNE, DE CONSTATER QUE VOUS NE DOMINEZ PAS L'UNIVERS ?

Le général est en miettes. Il disparaît dans son fauteuil. Au moins, comme ça, la situation est claire : Oort n'est pas à prendre à la légère. Oort est une terrible menace, une menace terroriste, un phénomène incontrôlable. En temps normal, comme dirait le général, « on ne discute pas avec des terroristes ! » Mais là, il ne dit plus rien. Oort lui a cloué le bec.

Nous devons nous rendre à l'évidence : Oort a bel et bien pris le soleil en otage. Il ne reste qu'à négocier avec lui.

– Entre nous, vous avez fait comment, pour kidnapper le soleil ? demande le professeur Schmalz à Oort.

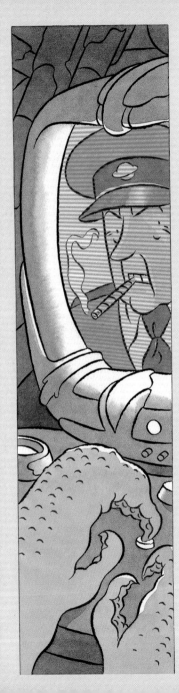

– DÉSOLÉ. C'EST UN SECRET.

– Dites-nous au moins pourquoi vous avez fait une chose pareille ?

– NOUS VOULIONS VOUS ARRÊTER. DEPUIS QUELQUE TEMPS, VOS PEUPLES NE SE FONT PLUS LA GUERRE. PAR CONTRE, VOUS ATTAQUEZ UNE PLANÈTE APRÈS L'AUTRE. ÇA NE PEUT PLUS DURER !

– Euh, oui, bon, peut-être, reprend le professeur... enfin, il me semble que vous exagérez un peu... Nous ne vous avons jamais fait de mal. Nous ne vous connaissons même pas.

– ENCORE HEUREUX ! NOUS AVONS ÉTUDIÉ VOTRE PASSÉ : CHAQUE FOIS QU'UN PUISSANT DE LA TERRE A MIS LE PIED SUR UN PAYS NOUVEAU, IL A RÉDUIT SES HABITANTS EN ESCLAVAGE. NOUS NE VOULONS PAS SUBIR LE MÊME SORT. NOUS VOUS RENDRONS LE SOLEIL EN ÉCHANGE D'UN TRAITÉ D'UNION ET DE RESPECT MUTUELS...

On fait la paix ?

Oort exigea que son message fût entendu le jour même par tous les Terriens. Je fus chargé de la transmission. Les gens attendaient que la chose apparaisse à la télé, mais il n'y eut que moi. C'était bien mon corps et mon visage qu'on voyait, mais la voix qu'on entendait n'était pas la mienne. Une tendre voix enrouée nous proposait la paix. La voix de Oort.

Oort était un grand séducteur.

Dès la fin de l'émission, des millions de Terriens descendirent dans les rues pour exiger de leurs gouvernements qu'ils acceptent l'offre des extraterrestres. Les militaires refusèrent de céder. Il y eut des bagarres avec les forces de sécurité. Partout sur la Terre, la foule était à chaque minute plus dense, plus forte, plus unie. Elle voulait le retour du soleil, et le plus

rapidement possible. Wayne, après avoir consulté les autres généraux du conseil de sécurité, et après avoir longtemps hésité, dit d'une voix blanche :

– OK, Oort, vous avez gagné, on va le signer votre traité...

Le 22 juillet, la Terre bénéficia de quelques minutes de lumière solaire.

Le 23, le 24 et les jours suivants furent jours de fête sur Terre. Petit à petit, le soleil revenait et reprenait toute sa place. À l'OSNU, je voyais les militaires se frotter les mains. Ils avaient fait semblant d'obéir à Oort. Pas question de faire ami-ami avec ces « terroristes », comme les appelait le général. Au contraire, Wayne venait d'envoyer une mission ultra-secrète vers Pluton pour tenter d'exterminer Oort.

« Vivra bien qui vivra le dernier », ricanait le général quand soudain,

face à lui, s'alluma son écran personnel.
Son sourire se figea dans la seconde.
Il blêmit, son gros cigare tomba
de ses lèvres...

Je m'approchai de son écran. Il y était
inscrit cette terrible réponse :

– OUI, CHER GÉNÉRAL, VIVRA BIEN QUI VIVRA
LE DERNIER...

La Terre,
notre planète

La Terre est une boule de roche enveloppée d'une fine couche de gaz, l'atmosphère, et recouverte à 75 % de mers et d'océans.

distance par rapport au Soleil : en millions de kilomètres	**150**
diamètre :	**12 756 km**
température :	**20 °C,** **en moyenne**
durée d'une révolution : en jours terrestres	**365,26 jours**
position dans le système solaire	

■ **Depuis quand la Terre porte-t-elle la vie ?**

La Terre est âgée d'environ 4,6 milliards d'années. Pendant des centaines de millions d'années, de nombreux volcans ont été en activité, et elle a subi un véritable bombardement de comètes et de météorites. Les conditions étaient bien trop rigoureuses pour que la vie puisse se développer durablement. Lorsque ce déluge a pris fin, il y a près de 4 milliards d'années, des formes de vie ont commencé à apparaître.

■ Que se passe-t-il sous la Terre ?

Au centre de la Terre, il fait environ 4 500 °C. À cette température, les roches fondent. Elles ont tendance à remonter à la surface, comme un sirop épais dans une casserole sur le feu. Un lent déplacement des continents peut être provoqué par ces mouvements, qui se déroulent à plusieurs dizaines de kilomètres de profondeur. Parfois, les continents se fissurent et laissent cette roche fondue remonter jusqu'à l'air libre. Ainsi naissent les volcans.

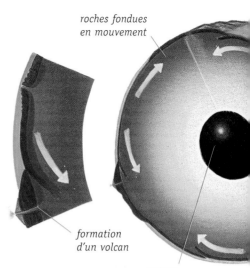

roches fondues
en mouvement

formation
d'un volcan

noyau
de la Terre

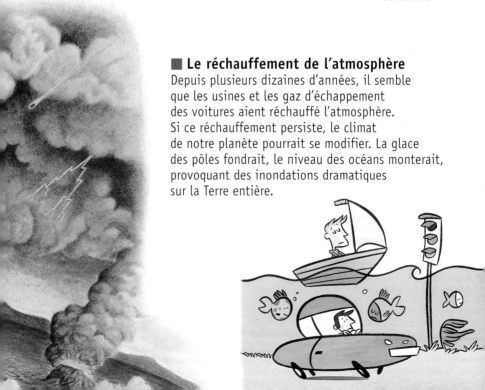

■ Le réchauffement de l'atmosphère

Depuis plusieurs dizaines d'années, il semble que les usines et les gaz d'échappement des voitures aient réchauffé l'atmosphère. Si ce réchauffement persiste, le climat de notre planète pourrait se modifier. La glace des pôles fondrait, le niveau des océans monterait, provoquant des inondations dramatiques sur la Terre entière.

La Lune,
satellite naturel de la Terre

La Lune est une boule de roche qui tourne autour de la Terre. Elle ne possède pas d'atmosphère et n'abrite aucune forme de vie.

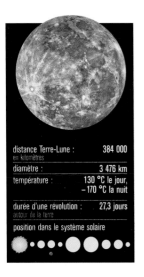

distance Terre-Lune : _en kilomètres_	384 000
diamètre :	3 476 km
température :	130 °C le jour, –170 °C la nuit
durée d'une révolution : _autour de la terre_	27,3 jours

position dans le système solaire

1 _La Terre percute une planète deux fois plus petite qu'elle._

2 _Les débris de la collision constituent un anneau autour de la Terre._

■ D'où vient-elle ?

La Lune se serait formée à partir des débris éjectés dans l'espace à la suite de la collision entre la Terre (elle avait à peine quelques dizaines de millions d'années) et un autre **corps***.

Corps
En astronomie, objet qui tourne autour du Soleil, quelle que soit sa dimension.

3 _Les débris s'assemblent pour former une boule._

4 _La Lune aurait ainsi été formée en moins d'un an !_

■ Des hommes sur la Lune

De 1969 à 1972, douze hommes ont marché sur la Lune. Ils participaient aux missions américaines Apollo. Ils ont rapporté sur Terre des centaines de kilos de pierres lunaires qui ont permis de mieux comprendre l'origine de notre voisine.

La Lune est une menteuse !
Si la Lune ressemble à un D majuscule, comme Dernier, elle en est en fait à son Premier quartier.

■ Reconnaître les phases

Il s'écoule 29,5 jours entre deux Pleine Lune. Cette période est appelée lunaison. En début de lunaison, le croissant de Lune est visible en fin d'après-midi et le soir. Juste avant la Nouvelle Lune, il est visible en fin de nuit et le matin.

Pleine Lune — *Lune gibbeuse* — *Dernier quartier* — *croissant du matin* — *Nouvelle Lune* — *croissant du soir* — *Premier quartier* — *Lune gibbeuse* — *Pleine Lune*

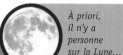

À priori, il n'y a personne sur la Lune...

■ Et pourtant...

Lorsqu'on est en période de Pleine Lune, les dessins formés par les mers lunaires peuvent faire penser à un lapin. Certains observateurs y voient même le portrait d'une vieille dame !

Le système Terre-Lune

La Lune n'est pas simplement belle à regarder. Elle a sans doute joué un rôle important pour le développement de la vie sur la Terre.

L'importance de la Lune pour la vie

La Terre   La Lune   Les Bactéries

Autrefois, la Lune était beaucoup plus proche de la Terre. Les marées qu'elle provoquait devaient être beaucoup plus fortes.

Au cours de ces marées, différents éléments chimiques, présents dans les océans et les lacs, ont pu être mis en contact. Ainsi seraient nés les premiers êtres vivants.

Depuis, la Lune s'éloigne, mais la vie est bien installée sur notre planète !

■ Les marées

Les océans nous rappellent chaque jour que la Lune a une influence sur notre planète. Les marées sont en effet produites par l'attraction de la Lune et du Soleil.

Les plus faibles marées, marées de morte-eau (2 et 4), ont lieu lorsque le Soleil, la Terre et la Lune forment un triangle-rectangle.

trajectoire de la Terre autour du Soleil

Les plus fortes marées, marées de vive-eau (1 et 3), se produisent lorsque le Soleil, la Terre et la Lune sont alignés.

■ La Lune s'éloigne de nous

Dans le Sud-Est de la France, il existe un instrument spécial, le laser-Lune qui permet de mesurer la distance de la Terre à la Lune très précisément. Les astronomes prouvent ainsi que la Lune s'éloigne lentement de la Terre de quelques centimètres par siècle.

Le Soleil

Mega-infos
p. 24–25

L'étoile la plus proche de nous, le Soleil, est une gigantesque sphère de gaz incandescent. Sa chaleur et sa lumière nous sont indispensables.

tache solaire

protubérance

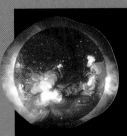

distance par rapport à la Terre : en millions de kilomètres	150
diamètre :	1 392 000 km
température :	5 500 °C en surface, 14 000 000 °C au centre
volume :	1,3 million de fois la Terre

Le Soleil est mille fois plus lourd que toutes les planètes du système solaire réunies.

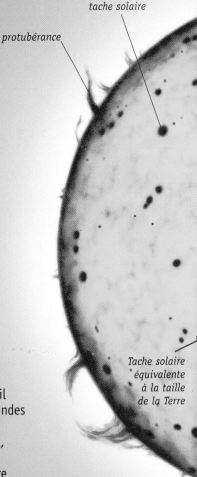

Tache solaire équivalente à la taille de la Terre

■ Il y a de tout dans le Soleil

Le Soleil est né en même temps que la Terre et tous les corps du système solaire, il y a près de 4,6 milliards d'années. Il est majoritairement constitué de deux gaz, l'hydrogène et l'hélium, mais on retrouve aussi tous les éléments (oxygène, hydrogène, fer, plomb…) que nous connaissons sur Terre.

■ Au cœur du Soleil

Le Soleil est différent des planètes parce qu'il fabrique de la lumière, de la chaleur et des ondes (X ou Gamma), c'est-à-dire du rayonnement électromagnétique. Pour arriver à ce résultat, l'hydrogène est transformé en hélium dans son cœur : c'est la fusion nucléaire. Au centre du Soleil, il fait plus de 14 millions de degrés.

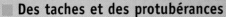

Des taches et des protubérances

Des taches sombres sont visibles à la surface du Soleil. Ce sont en fait des régions un peu moins chaudes : 4 500 °C au lieu de 5 500 °C ! Les taches donnent souvent lieu à des éruptions de gaz, les protubérances. Plus il y a de taches et de protubérances, plus le Soleil est dit « actif ».

zone traversée par l'énergie créée lors de la fusion nucléaire

cœur

Une mort prévue de longue date

À force de consumer son hydrogène, il arrivera un jour où le Soleil n'aura plus de réserves et il « s'éteindra ». Heureusement, connaissant sa taille et sachant qu'il consomme plus de 630 millions de tonnes d'hydrogène à chaque seconde, cette fin ne devrait pas se produire avant 4 à 5 milliards d'années.

Les distances entre les planètes se comptent en millions et milliards de kilomètres. Pour mieux les évaluer, place-les à une échelle plus petite.

Il te faut :
- une ficelle de 20 m de long,
- 10 balles de ping-pong,
- un feutre,
- du ruban adhésif,
- un mètre.

Distances entre le Soleil et les planètes

	Distance en millions de km	Distance en mètres sur la ficelle
Mercure	58	0,2
Vénus	108	0,4
Terre	150	0,5
Mars	228	0,8
Jupiter	778	2,7
Saturne	1 429	5
Uranus	2 875	10
Neptune	4 504	15
Pluton	5 916	20

le système

Solaire à l'échelle des distances

1. Écris l'initiale
de chaque planète
sur une balle
de ping-pong. Fixe
la balle du Soleil
et de Pluton à chaque
extrémité de la corde.

2. Avec le mètre,
reporte sur la corde
les distances données
dans le tableau
ci-contre.

3. Fixe les autres balles
sur la corde avec
le ruban adhésif.

Mercure,
un monde carbonisé

La planète la plus proche du Soleil est aussi l'une des plus petites.

distance par rapport au Soleil : en millions de kilomètres	58
diamètre :	4 878 km
température :	430 °C le jour – 170 °C la nuit
durée d'une révolution : en jours terrestres	88 jours
position dans le système solaire	

● ●●●● ●● ●●● ●

■ Trop près du Soleil

Mercure est environ trois fois plus près du Soleil que la Terre. Elle reçoit jusqu'à sept fois plus d'énergie solaire que notre planète. Malheureusement, elle ne possède pas d'atmosphère et sa surface pleine de cratères rappelle celle de la Lune...

La sonde Mariner-10 a réalisé plus de 5 000 images de Mercure. Mais elle n'a pu observer que 57 % de cette planète.

▨ À toute vitesse

L'**orbite*** de Mercure autour du Soleil est un ovale qu'elle parcourt en 88 jours (la Terre fait le tour du Soleil en 365 jours environ). Vu de notre planète, le déplacement de Mercure est très rapide. C'est pourquoi on lui a donné le nom du messager ailé des dieux chez les Romains.

Orbite
Trajectoire d'une planète autour du Soleil, ou d'un satellite autour d'une planète.

■ On ne connaît qu'un seul côté de Mercure

Aucun homme, aucune **sonde***
automatique ne se sont jamais
posés sur Mercure. De la Terre,
il est impossible de se faire
une idée de son aspect, même
dans les plus gros télescopes.
Seule la sonde spatiale
Mariner-10 a survolé
Mercure à trois reprises
en 1974 et 1975,
et en a rapporté
des photographies
mais... toujours
du même côté.

Sonde
*Engin non habité
lancé dans l'espace
pour étudier les planètes.*

Vénus,
les portes de l'Enfer

Méga-**infos**
p. 30-31

distance par rapport au Soleil :	**108**
en millions de kilomètres	
diamètre :	**12 104 km**
température :	**475 °C environ,**
	de jour comme de nuit
durée d'une révolution :	**225 jours**
en jours terrestres	

position dans le système solaire

Considérée longtemps comme une sœur jumelle de la Terre, Vénus est une planète infernale, même si elle porte le nom de la déesse de l'Amour.

■ Méfiez-vous des apparences !

Vénus et la Terre ont pratiquement le même diamètre (12 104 kilomètres pour Vénus et 12 756 kilomètres pour la Terre). Elles possèdent toutes deux une atmosphère. Leur densité est très proche. Pourtant, la Terre abrite la vie alors que c'est impossible sur Vénus. La température y est beaucoup trop élevée et l'atmosphère est composée essentiellement de gaz carbonique, avec des gouttelettes d'acide sulfurique en altitude.

■ Une planète très fréquentée

Vénus est la planète qui a reçu la visite
du plus grand nombre de sondes interplanétaires.
Entre 1962 et 1994, des dizaines d'engins
se sont succédé pour l'étudier. Certains
n'ont fait que passer à côté d'elle à toute
vitesse en prenant quelques photos.
D'autres ont été satellisés pour
l'observer avec des radars. Quelques-uns
enfin se sont posés sur sa surface brûlante.
Ils ont constaté que la pression atmosphérique
est 90 fois supérieure à celle qui règne sur Terre...
soit l'équivalent de la pression à 900 mètres sous l'eau,
de quoi écraser n'importe quel être humain.

*Maat Mons, le plus haut volcan
de Vénus : plus de 8 000 mètres
d'altitude. Sur cette photo réali-
sée sur ordinateur, la hauteur
du volcan est exagérée.*

■ Des volcans par millions

De 1990 à 1994, le radar
de la sonde Magellan
a pris de nombreuses
photos de cette planète.
Elles ont dévoilé un monde
tourmenté, brisé par
mille fractures et piqué
d'impacts de météorites.
Elles ont également révélé
que Vénus avait connu
une activité volcanique
intense. La présence
de centaines de milliers
de volcans de toutes tailles
entourés de gigantesques
coulées de lave
en témoigne. Mais
on se demande encore
s'il reste des volcans
en activité sur Vénus.

Mars,
un monde à découvrir

La planète du dieu de la Guerre a toujours fait rêver les hommes. Ils ont cru très longtemps qu'elle était habitée par des Martiens.

distance par rapport au Soleil : en millions de kilomètres	228
diamètre :	6 787 km
température :	10 °C le jour −75 °C la nuit
durée d'une révolution : en jours terrestres	687 jours
position dans le système solaire	

■ Un froid polaire

En été, les températures martiennes correspondent à celles des bases polaires terrestres en hiver : jusqu'à − 75° C la nuit. Mais il ne faut pas pour autant espérer vivre sur Mars même avec un bon parka ! L'atmosphère de la planète rouge est constituée à 95 % de gaz carbonique.

■ De grands océans dans le passé

On peut observer sur Mars de grands fleuves asséchés et des zones qui ressemblent à des mers ou des océans vides. L'eau liquide était donc présente à sa surface jusqu'à il y a 1 à 2 milliards d'années. L'attraction qui permet à notre planète de retenir l'atmosphère n'aurait pas été suffisante sur Mars. Elle se serait échappée dans l'espace. Il aurait alors fait de plus en plus froid et l'eau aurait gelé.

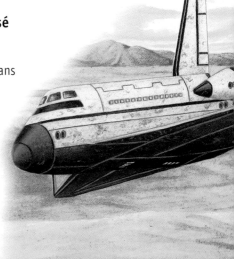

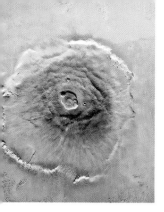

■ Deux petites lunes et un volcan géant

Mars a la particularité de posséder deux toutes petites lunes, Phobos et Deimos (27 et 15 kilomètres de diamètre). Elle abrite aussi le plus grand volcan du système solaire. La base du mont Olympe est presque aussi vaste que la France et son cratère principal culmine à près de 27 000 mètres d'altitude.

■ Histoire d'une conquête annoncée

Un jour, des hommes iront sur Mars. Le voyage durera quelques mois à l'aller et au retour.
Ce ne sera pas pour y habiter définitivement, mais pour l'étudier, et en rapporter des échantillons, comme on l'a fait pour la Lune. C'est dans ce but que, depuis juillet 1997, plusieurs sondes ont touché le sol martien ou se sont mises en orbite autour de la planète rouge pour préparer les futures missions.

Le petit robot Sojourner de la sonde Mars Pathfinder a exploré la surface de Mars pendant l'été 1997.

La Ceinture d'astéroïdes

Entre l'orbite de Mars et celle de Jupiter, des centaines de milliers de petites planètes et de rochers plus ou moins grands, les astéroïdes, entourent le Soleil.

La taille des astéroïdes par rapport au Soleil est ici très exagérée.

Certains astéroïdes sont aussi larges que la France !

■ Petites planètes et gros cailloux

Les plus grands astéroïdes, Cérès, Pallas et Vesta, mesurent entre 510 et 940 kilomètres de diamètre et sont sphériques. Mais l'immense majorité des astéroïdes sont des blocs aux formes irrégulières. Leur taille peut aller de quelques centaines de mètres à des kilomètres de long. Si on regroupait l'ensemble des astéroïdes, on obtiendrait un corps plus petit que la Lune.

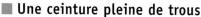

■ Une ceinture pleine de trous

La Ceinture d'astéroïdes n'est pas une zone dangereuse où les blocs sont serrés les uns contre les autres. Ces centaines de milliers d'astéroïdes sont en effet répartis sur une orbite de 420 millions de kilomètres de rayon. Les astronomes estiment que la distance moyenne entre deux astéroïdes de 1 kilomètre de diamètre est de 5 millions de kilomètres, soit plus de douze fois la distance de la Terre à la Lune !

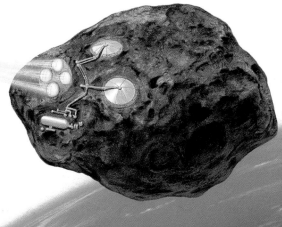

■ Les mines du futur

Un jour ou l'autre, on pourra exploiter les ressources minières (fer, nickel, or) de la Ceinture d'astéroïdes. Le plus simple sera alors de dévier les corps choisis en installant des fusées dessus, pour qu'ils viennent se mettre en orbite autour de la Terre. Là, ils seront progressivement vidés de leurs matériaux. Ce n'est pas de la science-fiction ! Les projets existent déjà dans les ordinateurs de la Nasa, mais leur réalisation est encore trop coûteuse.

Incroyable mais vrai !

SATURNE DANS UNE BASSINE ?

Si l'on trouvait une bassine suffisamment grande pour y jeter Saturne, celle-ci ne coulerait pas comme un caillou… elle flotterait ! Cette planète est en effet principalement constituée de gaz et sa densité est inférieure à celle de l'eau. Elle se comporterait donc comme de l'huile, qui reste en surface quand on la verse dans l'eau.

QUE D'EAU !

L'eau n'existe pas que sur la Terre. Certaines régions de l'univers en regorgent. Les astronomes ont récemment mis en évidence, dans la direction de la constellation d'Orion, un endroit où il se crée des molécules d'eau à un rythme incroyable. Ils ont calculé que, là-bas, il se formait assez d'eau chaque seconde pour remplir l'équivalent de 60 fois tous les océans et toutes les mers terrestres…

PETIT, LE SOLEIL !

Le Soleil, qui semble immense par rapport à la Terre, est une étoile de taille très moyenne. Grâce aux observations réalisées avec le satellite européen Hipparcos, les astronomes savent à présent que certaines étoiles sont des dizaines de fois plus volumineuses et des milliers de fois plus lumineuses que le Soleil. C'est le cas de Deneb, une étoile de la constellation du Cygne.

LE CHEMIN LE PLUS COURT...

La sonde Cassini-Huygens, partie de la Terre le 15 octobre 1997, doit aller observer Saturne et son satellite Titan. Elle s'est d'abord dirigée à l'opposé de Saturne, vers Vénus. Normal ? Mais oui ! Des ingénieurs décident de la trajectoire pour faire des économies de carburant. Le but est de faire accélérer la sonde en tournant deux fois au ras de Vénus. Elle tournera ensuite autour de la Terre, puis de Jupiter et atteindra Saturne en 2004.

Jupiter et Saturne

<u>Mega-infos</u>
p. 38-39

Jupiter

distance par rapport au Soleil : en millions de kilomètres	**778**
diamètre :	**142 980 km**
température :	**− 110 °C** (pour les nuages les plus hauts)
durée d'une révolution : en jours terrestres	**4 332 jours**

position dans le système solaire

Jupiter possède des satellites extraordinaires et Saturne des anneaux remarquables. Ce sont les plus grosses planètes de notre système planétaire.

◼ Étoiles ou grosses planètes ?

Les astronomes se sont longtemps demandés si Jupiter et Saturne étaient des planètes ou des étoiles trop petites pour avoir réussi à « s'allumer », c'est-à-dire à émettre de la lumière. Il est clair à présent que Jupiter et Saturne, malgré leur très grande dimension, sont bien des planètes qui possèdent un noyau solide, enveloppé dans une atmosphère de dizaines de milliers de kilomètres d'épaisseur.

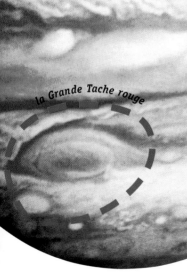

la Grande Tache rouge

◼ Des vents exceptionnels

Les atmosphères d'hydrogène, d'hélium et de méthane des deux planètes sont caractérisées par de violents tourbillons. Le plus célèbre, la Grande Tache rouge, est une sorte de tempête que l'on observe sur Jupiter depuis 1664. Visible dans les télescopes, cette tache est tellement vaste que l'on pourrait glisser sans mal deux planètes comme la Terre à l'intérieur.

La Terre est toute petite par rapport aux deux géantes.

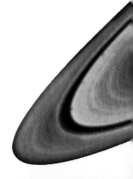

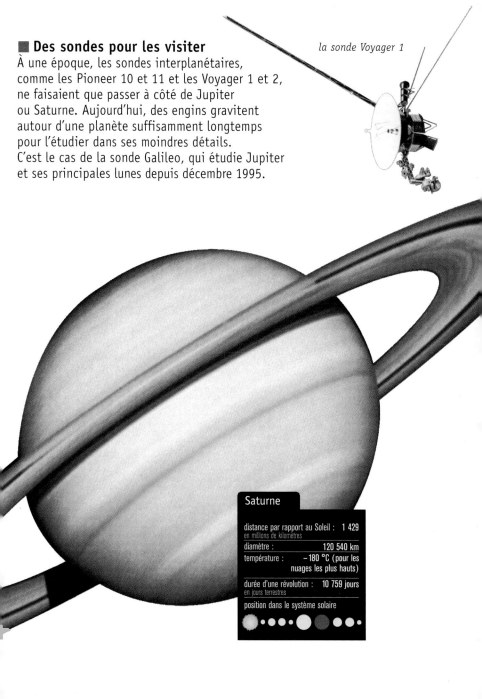

■ Des sondes pour les visiter

la sonde Voyager 1

À une époque, les sondes interplanétaires, comme les Pioneer 10 et 11 et les Voyager 1 et 2, ne faisaient que passer à côté de Jupiter ou Saturne. Aujourd'hui, des engins gravitent autour d'une planète suffisamment longtemps pour l'étudier dans ses moindres détails. C'est le cas de la sonde Galileo, qui étudie Jupiter et ses principales lunes depuis décembre 1995.

Saturne

distance par rapport au Soleil : **1 429**
en millions de kilomètres

diamètre : **120 540 km**

température : **− 180 °C (pour les nuages les plus hauts)**

durée d'une révolution : **10 759 jours**
en jours terrestres

position dans le système solaire

Les Satellites
de Jupiter

Mega-infos
p. 40-41

Les satellites de Jupiter recréent une sorte de système solaire miniature. Les quatre principaux sont appelés satellites galiléens en l'honneur de Galilée, qui les observa le premier, en 1610.

■ Io, un monde-volcan

Avec 3 640 kilomètres de diamètre, Io est à peine plus gros que la Lune. C'est lui qui gravite le plus près de l'énorme Jupiter, à 422 000 kilomètres. Il subit de ce fait une force de marée tellement forte que son cœur rocheux est malaxé en permanence, ce qui produit une chaleur considérable. Io évacue cet excès de chaleur en vomissant des torrents de lave des volcans répartis sur l'ensemble de sa surface : c'est un « monde-volcan ».

C'EST PRÊT !

■ Europe, de l'eau sous la glace

Le 16 décembre 1997, la sonde Galileo est passée à seulement 200 km d'Europe et elle a transmis vers la Terre des images très précieuses de sa surface glacée. Il semble à présent certain qu'Europe possède de vastes étendues d'eau liquide ou des océans piégés sous une croûte de glace de plusieurs kilomètres d'épaisseur. La chaleur interne de ce corps de 3 130 km de diamètre, résultant elle aussi de la force de marées de Jupiter, permettrait à l'eau de rester liquide sous la glace.

Io

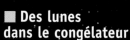

Jupiter

Europe

■ Des lunes dans le congélateur

Plus éloignés de Jupiter, Ganymède et Callisto sont moins fortement soumis aux effets de marées. Ces deux lunes sont pratiquement de la même taille que Mercure, (5 280 et 4 840 kilomètres de diamètre). Elles sont recouvertes d'un épais manteau de glace qui porte les traces d'impacts de météorites aussi nombreux que violents.

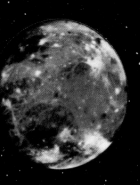
Ganymède

Callisto

Anneaux et satellites
de Saturne

Mega-infos
p. 42-43

Visibles dans les plus petits télescopes d'amateurs, les anneaux de Saturne sont l'une des merveilles du système solaire.

■ Saturne avait des oreilles !

Lorsqu'en 1610, Galilée observe Saturne pour la première fois, il dessine une sorte de disque avec deux grosses anses, comme des oreilles ! Il fallut attendre la fin du XVIIe siècle pour que l'astronome Christian Huygens comprenne qu'il s'agissait de gigantesques anneaux.

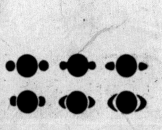

représentations de Saturne par Galilée

■ Des myriades de blocs de glace

Les anneaux de Saturne sont constitués de blocs de glace et de poussières de toutes tailles qui tournent autour de la planète comme autant de satellites. Vus de loin, ces anneaux semblent rigides, mais ils sont en fait extrêmement fin. Certaines photographies, faites par les sondes Voyager 1 et 2, montrent même que l'on peut voir au travers.

■ Titan

Titan, le principal satellite de Saturne, mesure 5 150 km de diamètre. La température de sa surface est de − 183° C, une température qui n'existe nulle part sur Terre.

■ Quatre sondes pour Saturne

Trois sondes, Pioneer-11 en 1978, Voyager 1 et 2 en 1980 et 1981, ont survolé Saturne à toute vitesse, accumulant des centaines d'images et de mesures sur lesquelles les astronomes travaillent encore. Le 15 octobre 1997, la sonde Cassini-Huygens est partie pour un long voyage en direction du «Seigneur des anneaux», Saturne, qu'elle devrait atteindre en 2004. Huygens plongera alors dans l'atmosphère de Titan pour se poser à sa surface, et Cassini se mettra en orbite autour de Saturne pour l'étudier pendant de longs mois.

Le module Huygens se détache de la sonde Cassini et plonge dans l'atmosphère de Titan.

Il est freiné par un immense parachute pour ne pas s'écraser violemment sur le sol.

Drôle de planète ! Tous ses habitants ont une tête bizarre. Pourtant, deux sont des vrais Terriens. Où sont-ils ? Mais au fait, sur quelle planète sommes-nous ? Trouve les trois indices qui te permettront de répondre à cette question. Solutions page 63.

Uranus et Neptune

Mega-infos
p. 46-47

Ces planètes, vingt à trente fois plus éloignées du Soleil que la Terre, sont invisibles à l'œil nu. Elles n'ont été découvertes qu'en 1781 et 1846.

Uranus

distance par rapport au Soleil : **2 871**
en millions de kilomètres

diamètre : **51 120 km**

température : **−220 °C**

durée d'une révolution : **30 688 jours**
en jours terrestres

position dans le système solaire

■ Uranus est couchée

Toutes les planètes tournent sur elle-même, et tournent autour du Soleil à la manière de toupies plus ou moins penchées. L'inclinaison de la Terre, par exemple, est de 23,5°. Uranus, elle, est pratiquement couchée sur son orbite puisque son inclinaison est de 98° ! Elle donne ainsi l'impression de rouler comme un ballon.

C'est peut-être une collision...

... avec un astéroïde...

... qui a fait basculer Uranus.

Miranda
C'est un petit satellite d'Uranus, de 485 kilomètres de diamètre. Sa surface est l'une des plus tourmentées du système solaire. On y trouve notamment une falaise de glace de plus de 10 000 mètres d'altitude.

Une atmosphère très agitée

Neptune reçoit 1 000 fois moins d'énergie solaire que la Terre et 2,5 fois moins qu'Uranus.

Les astronomes pensaient trouver une planète figée car la température des lieux les plus reculés du système solaire n'excède pas − 230 °C. Surprise : Neptune est un monde d'une incroyable activité, qui rivalise avec Jupiter en matière de tourbillons atmosphériques. Des vents y soufflent à plus de 2 000 km à l'heure !

Neptune

distance par rapport au Soleil : en millions de kilomètres	**4 500**
diamètre :	**49 530 km**
température :	**− 230 °C**
durée d'une révolution : en jours terrestres	**60 181 jours**

position dans le système solaire

Triton

La principale lune de Neptune a un diamètre de 2 760 kilomètres et détient le record de la surface la plus froide connue : − 236 °C ! Recouverte d'une fine croûte d'azote et de méthane glacés, elle réfléchit en effet vers l'espace 80 % de la maigre énergie solaire qu'elle reçoit.

Mega-infos
p. 48-49

La dernière planète :
Pluton

Ce n'est qu'en 1930 qu'un jeune Américain,
Clyde Tombaugh, a découvert Pluton,
la neuvième et dernière planète
du système solaire.

distance par rapport au Soleil :   5 913
en millions de kilomètres

diamètre :   2 300 km

température :   peut-être −238 °C

durée d'une révolution :   90 470 jours
en jours terrestres

position dans le système solaire

■ Tellement lointaine et froide

La température de la surface de Pluton est encore
plus froide que celle de Triton. Mais aucune sonde
ne lui a encore rendu visite. Pluton est vraisembla-
blement recouverte d'un manteau de glace
et enveloppée d'une fine atmosphère. En 1994,
le télescope spatial Hubble a photographié
des calottes glaciaires aux deux pôles.

■ Une planète double

Pluton est plus petite
que les gros satellites
de Jupiter, Saturne
et Neptune. En 1978,
une lune de 1 300 km
de diamètre, Charon,
a été découverte en orbite
autour de Pluton. Comme
Pluton et Charon ne sont
éloignées que de 19 700 km,
elles forment plutôt
une planète double qu'un
couple planète-satellite.

Et au-delà ?
*Jusqu'*à présent
aucune nouvelle planète
n'a été découverte
au-delà de l'orbite de Pluton.
En revanche, de nombreuses comètes
et des astéroïdes de bonnes tailles
circulent sur des orbites
bien plus vastes.

Formées en même temps que les planètes,
les comètes sont faites de glace et de matériaux
qui existaient à la naissance du système solaire.

■ De la glace et des poussières

De la glace,
des poussières
et d'autres éléments,
en très faible quantité,
voilà la composition
moyenne des comètes.
C'est ce qui leur a valu
d'être baptisées
«boules de neige sales»
par les astronomes !

■ Où habitent les comètes ?

La majeure partie des comètes semble provenir
d'une vaste région, au-delà de l'orbite des planètes
Uranus et Neptune. On l'appelle le Nuage de Oort.
À ces distances, le Soleil n'est qu'une étoile
brillante. Son énergie ne parvient pas à faire
fondre les noyaux de glace des comètes,
qui restent pratiquement dans l'état qui était
le leur à l'origine du système solaire.

Un plongeon vers le Soleil

Lorsque Jupiter et Saturne sont dans le même secteur du système solaire, leur force d'attraction s'additionne à celle du Soleil. De nouveaux noyaux de comètes sont attirés vers le centre du système solaire. Plus les comètes s'approchent du Soleil, plus sa chaleur les fait fondre. De longues queues de gaz et de poussières se développent, comme celle de la comète Hale-Bopp, au printemps 1997.

la comète de Halley

la comète de Kohoutek

L'origine de l'atmosphère

Les comètes qui ont bombardé la Terre pendant plusieurs centaines de millions d'années pourraient bien avoir contribué à la formation des océans et de l'atmosphère. Car le noyau des comètes contient de l'eau et du gaz. Un débat est encore ouvert pour savoir si les comètes peuvent également avoir apporté les premières traces de vies qui se seraient ensuite développées dans les conditions favorables régnant sur Terre.

L'énormité du Soleil par rapport
aux planètes du système solaire
apparaît immédiatement avec
cette maquette. Toutes les planètes
mises côte à côte ne font même pas
un rayon solaire !

Il te faut :
- une craie,
- une ficelle
  de 7 m de long,
- un mètre.

Diamètres du Soleil et des planètes

	Diamètre en km	Diamètre en cm
Soleil	1 392 000	700
Mercure	4 878	2, 5
Vénus	12 104	6
Terre	12 756	6, 4
Mars	6 787	3, 5
Jupiter	142 800	71, 5
Saturne	120 500	60
Uranus	51 120	25, 5
Neptune	49 530	25
Pluton	2 300	1, 15

Conseil
Il vaut mieux être au moins deux pour réaliser facilement
cette maquette et avoir beaucoup de place.

1. Trace au sol un cercle
   de 7 mètres de diamètre
   pour représenter
   le Soleil.

2. Sur le diamètre du Soleil,
   trace l'un à côté
   de l'autre les diamètres
   des planètes.

le système solaire à l'échelle des volumes

Le système solaire
dans l'histoire

Pendant des millénaires, les hommes ont pensé que la Terre était immobile au centre du cosmos, et que les astres tournaient autour d'elle.

Un Grec venu trop tôt !
Trois siècles avant Jésus-Christ, l'astronome grec Aristarque de Samos comprit que les mouvements des « astres vagabonds » (les planètes en grec), étaient simples à expliquer. Il suffisait de considérer que la Terre n'était pas au centre du cosmos, mais qu'elle tournait sur elle-même et autour du Soleil. Son intuition géniale est venue trop tôt. Il ne put pas prouver ce qu'il disait, et personne ne le prit au sérieux…

Vénus

Jupiter

Terre

Neptune

Pluton

Les idées de Copernic

Il fallut attendre dix-huit siècles pour qu'un autre homme s'engage sur la même voie. En 1543, Nicolas Copernic publia un livre dans lequel il expliquait son «modèle du monde» : la Terre tournait autour du Soleil, placé au centre du système solaire. Il s'agissait donc d'un système hélio-centrique (de hélios, le Soleil en grec), et non géocentrique, (de géo, la Terre en grec).

Les observations de Galilée

Plusieurs savants des XVIe et XVIIe siècles se sont appliqués à prouver la théorie de Copernic. Le plus connu est l'Italien Galilée, le premier à utiliser une lunette pour regarder les astres. Les observations qu'il fit lui permirent d'affirmer, au début du XVIIe siècle, que Copernic avait raison. La Terre tournait bien autour du Soleil, lequel occupait le centre du système solaire.

Mercure

Mars

Saturne

Uranus

Comment s'est formé
le système solaire ?

Le Soleil, les planètes, les comètes, les astéroïdes et toutes les poussières du système solaire se sont formés à partir d'une immense nébuleuse interstellaire, il y a environ 4,6 milliards d'années.

■ Nébuleuse primitive

Les astronomes pensent aujourd'hui que le système solaire s'est formé à partir de la concentration du gaz et des poussières d'une **nébuleuse interstellaire***, baptisée nébuleuse primitive. Il se serait formé un peu comme une boule de pâte à pizza qui s'étire pour former un beau disque, fin et régulier !

Nébuleuse interstellaire
Nuages de gaz et de poussières circulant entre les étoiles.

■ Un vaste tourbillon

Le centre de cette nébuleuse s'est concentré pour donner naissance à une étoile, le Soleil. Autour, quelques résidus de gaz et de poussières ont progressivement formé un immense tourbillon qui s'est aplati pour former un anneau. Dans celui-ci, la proximité et l'agitation des poussières ont été telles que de très nombreux chocs se sont produits et ont créé des blocs de plus en plus gros.

■ Le temps des collisions

En plusieurs millions d'années, les collisions de ces blocs qui pouvaient les réduire en miettes ou former des blocs plus massifs ont été fréquentes. Elles ont provoqué la formation de plusieurs planètes et de corps plus petits : lunes, petites planètes, astéroïdes ou comètes. Ils gravitent autour du Soleil à des distances variant de quelques millions à une quinzaine de milliards de km.

Y a-t-il d'autres systèmes solaires ?

Si d'autres systèmes solaires existent autour des étoiles que nous observons chaque nuit dans le ciel, comment faire pour les voir ?

■ Le phare et la bougie

Les planètes sont des petits corps qui n'émettent aucune lumière. Elles ne font que réfléchir celle de l'étoile autour de laquelle elles gravitent. La différence d'éclat entre une étoile et une planète est donc énorme, comparable à celle qui sépare un phare d'une petite bougie. Essayez de distinguer la lueur de la bougie posée devant le phare en vous plaçant à plusieurs kilomètres et vous aurez une petite idée de la difficulté que représente la recherche d'autres systèmes solaires...

Y aurait-il une planète dans le coin, par hasard... ?

■ Planètes discrètes

Les instruments dont disposent les astronomes actuellement ne peuvent révéler que les grosses géantes gazeuses, comme Jupiter ou Saturne. Et encore, ils ne les observent pas directement. Ils détectent seulement les infimes déplacements de l'étoile provoqués par la présence d'une ou de plusieurs planètes géantes en orbite autour d'elle. C'est un peu comme étudier les vibrations d'une montagne pour déterminer s'il n'y a pas quelqu'un en train de l'escalader... Et le plus fort, c'est que ça marche !

quelques planètes découvertes récemment autour de la constellation de la Grande Ourse

47 Grande Ourse

La Grande Ourse

Rhô Couronne boréale

HD 114 762

Muphrid

70 Vierge

■ Des planètes par milliards

Depuis quelques années, une bonne dizaine de planètes géantes ont été découvertes autour d'étoiles proches. Reste maintenant à prouver l'existence de planètes plus petites, de la taille de la Terre par exemple. En tout cas, la découverte de ces planètes géantes laisse penser que la formation des planètes est aussi naturelle que celle des étoiles. Cela pourrait signifier que les planètes se comptent par centaines de milliards dans l'Univers !

Vrai

Les roches les plus anciennes sur la Terre ont 4,6 milliards d'années.

Faux. Elles n'ont « que » 4 milliards d'années et se trouvent au Groenland.

La Lune se rapproche de la Terre et finira par l'écraser.

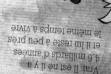

Faux. Elle s'éloigne de la Terre d'environ 4 cm par siècle.

Le Soleil est au milieu de sa vie.

Déjà ?!

Ha ! Ha !

Vrai. Il est né il y a 4,6 milliards d'années et il lui reste à peu près le même temps à vivre.

Triton est le corps le plus chaud du système solaire.

Faux. Avec -236 °C, la température de Triton est la plus basse jamais mesurée.

Certains astéroïdes sont constitués uniquement de fer, de nickel ou même d'or.

Vrai. Les hommes espèrent bien pouvoir un jour les exploiter comme des mines.

ou faux ?

Il y a de l'eau sur la Lune.

Vrai. Il y a de l'eau glacée au fond de certains cratères lunaires.

Io, Europe, Ganymède et Callisto ont été découverts par Galilée.

Vrai. Il les a découverts en 1610.

Il y a des lits de rivières sur Mars.

Vrai. Mais il n'y a plus d'eau sur Mars depuis des millions d'années.

La Grande Tache rouge de Jupiter est un volcan de 27 000 km d'altitude.

Faux. C'est une tempête.

Index

47 Grande Ourse : 59
70 Vierge : 59

Acide sulfurique : 30
Apollo : 21
Aristarque de Samos : 54
Astéroïde : 34, 35, 49
Astronome : 23, 33, 38, 42, 47
Atmosphère : 18-20, 28, 30, 32, 38, 43, 51
Attraction : 32, 41
  du Soleil : 23
  lunaire : 23
Azote : 47

Callisto : 41
Cassini-Huygens : 43
Ceinture d'astéroïdes : 34, 35
Cérès : 34
Charon : 48
Comète : 18, 50, 51
  de Halley : 51
  de Kohoutek : 51
  Hale-Bopp : 51

Constellation
  d'Orion : 36
  du Cygne : 37
Copernic : 55

Deimos : 33
Deneb : 37

Élément : 22, 24, 40
Énergie solaire : 24, 25, 28, 47
Étoile : 24, 25, 34, 40, 44, 46, 47
Europe : 41

Fusion nucléaire : 24

Galilée : 40, 42, 55
Galileo : 39, 41
Ganymède : 41
Gaz : 18, 24, 25, 41, 44
Gaz carbonique : 30, 32
Grande Ourse : 59

Grande Tache rouge : 38

HD 114 762 : 59
Hélium : 24, 38
Hubble : 48
Huygens : 42
Hydrogène : 24, 25, 38

Io : 40

Jupiter : 34, 37-41, 47, 51, 58

Laser-Lune : 23
Lune : 20-23, 28, 34, 35, 39, 40, 41, 45, 57

Maat Mons : 31
Magellan : 31
Marée : 22, 23, 40, 41
  de morte-eau : 23
  de vive-eau : 23
Mariner-10 : 28, 29
Mars : 32, 33, 34
Mars Pathfinder : 33
Mercure : 28, 29, 41
Météorite : 41
Méthane : 38, 47
Miranda : 46
Mont Olympe : 33
Muphrid : 59

Nébuleuse : 44
  interstellaire : 56
Neptune : 46, 47, 48
Nuage de Oort : 50

Océan : 18, 19, 22, 23, 32, 36, 41, 51
Orbite : 28, 33, 34, 35, 46, 58

Pallas : 34
Phobos : 33
Pioneer 10 : 39
Pioneer 11 : 39
Planète : 19, 23, 24, 28-32, 34, 36, 39-42, 50, 54, 56, 57, 59
Pluton : 48

Pression atmosphérique : 31
Protubérance : 25

Rayonnement électromagnétique : 24
Rhô Couronne boréale : 59

Satellite : 20, 38, 40, 48
Saturne : 36, 39, 42, 48, 51, 58
Sojourner : 33
Soleil : 20, 23, 28, 34, 37, 46,
    50, 51, 54, 55
Sonde interplanétaire : 28, 29, 31, 39
Système
   géocentrique : 55
   héliocentrique : 55
   solaire : 24, 40, 42, 44, 46, 55, 58

Télescope : 27, 38, 42, 48
Terre : 18, 19, 20-24, 28-31, 35,
    36-39, 41-43, 51, 54, 55, 59
Titan : 37, 42, 43
Triton : 47

Uranus : 46, 47

Vénus : 30, 31, 37
Vesta : 34
Volcan : 18, 19, 29, 31, 33, 40
Voyager 1 : 39, 43
Voyager 2 : 39, 43

Solutions du jeu des pages 44-45

Les Terriens sont entourés d'un rond bleu.
Nous sommes sur Jupiter. Voici les trois indices qui permettent de savoir de quelle planète il s'agit : 1. On aperçoit Io, un satellite de Jupiter à gauche. 2. La planète la plus proche est Saturne. 3. Le satellite Galileo est en orbite autour de la planète.

Dans la même collection

1. La vie au Moyen Âge **2.** Le corps humain exploré
3. Fascinants pharaons d'Égypte **4.** Quand la nature nous étonne
5. À la rencontre des hommes préhistoriques **6.** Vrais et faux mystères du monde
7. L'aventure des grands explorateurs **8.** L'espace infini **9.** Louis XIV, Roi-Soleil
10. La Terre, notre planète **11.** Héros et dieux grecs
12. Inventions géniales et délirantes **13.** Romains, Romaines
14. Quand les Gaulois deviennent gallo-romains **15.** Cap sur le système solaire
16. Héros et rois du Moyen Âge **17.** Les fureurs de la Terre

Illustrations
Fiction : Louis Alloing. **Documentaire** : Pierre de Hugo, Olivier Nadel,
Jean-François Pénichoux (page 30 : Éditions Fleurus, 1994, illustration « Vénus »
tirée de l'ouvrage *Le Ciel et l'Espace*, page 8).
Vignettes, test et anecdotes : Colonel Moutarde. **Jeu** : Dominique Billout.

Crédits photographiques
Couverture : P. Hurlin/Explorer
P. 18, 20 : 1996 Photodisc, Inc. **p. 21** : h. 1996 Photodisc, Inc ; m. et b. archives Nathan.
P. 22 : Digital Vision. **p. 23** : b. S. Brunier/Ciel et Espace. **p. 24, 28, 30, 31, 32** : Photodisc, Inc.
p. 33 : hg. Ougs/Ciel et Espace ; md. Archives Nathan/Nasa. **p. 40, 41, 42-43** : Digital Vision. **p. 47** : 1996
Photodisc, Inc. **p. 51** : hd. Digital Vision ; md.1996 Photodisc, Inc. **p. 59** : A. Fugii/Ciel et Espace.
Photographie des activités : Odilon Dimier/Nathan.

Autocollants : Page 1 (de gauche à droite et de haut en bas) : AKG Paris : B.N.F, Paris ;
Cosmos/S.P.L./Rockwell Int.; Sygma/NASA ; AKG Paris : gravure de Nicolas de Larmessin ; AKG Paris :
Musée des Sciences, Florence ; Ciel et Espace/NASA. Page 2 : Cosmos/S.P.L./D.A. Hardy ; Dagli Orti :
Musée National, Copenhague ; AKG Paris : B.N.F. Paris ; Cosmos/S.P.L./NASA ; Ciel et Espace/ESA ;
Dagli Orti : Musée de la Banque centrale, Quito, Equateur ; Cosmos/S.P.L./J.Sanford et D. Par.
Fiches (de gauche à droite) : Haut : Cosmos/S.P.L. ; Cosmos/S.P.L./D. van Ravensswaay ; Cosmos/S.P.L./
D. Ducros ; Dagli Orti : Musée zoologique, Florence ; Cosmos/S.P.L./M. Kulyk ; Cosmos/S.P.L./NASA.
Bas : Cosmos/P. Menzel ; Cosmos/S.P.L./C. Madeley ; Cosmos/S.P.L. ; Cosmos/S.P.L. ; Cosmos/S.P.L./NASA.

Remerciements à Chantal Bertheuil, directrice de l'institut Ste Geneviève (Paris-6e)
et ses élèves de CM1-CM2.